COLLECTION DE M. H. T.

Vente des 24 et 25 Octobre 1906

HOTEL DROUOT SALLE N° 8

EX-LIBRIS

ANCIENS ET MODERNES

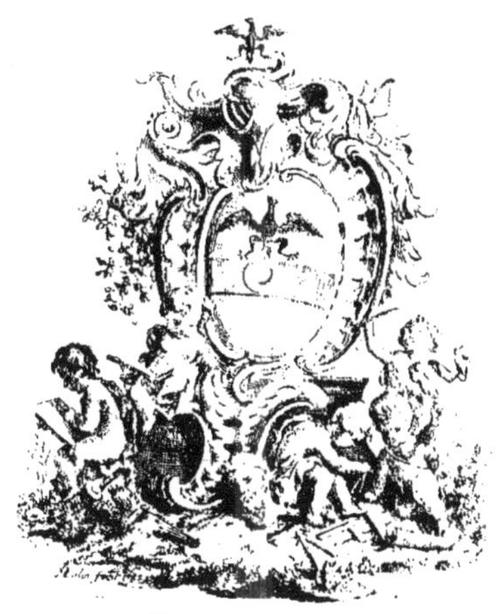

N° 75 du Catalogue

Me MAURICE DELESTRE M. LOYS DELTEIL

IMPRIMERIE

FRAZIER-SOYE

153-155-157, Rue Montmartre

PARIS

CATOLOGUE

DES

EX-LIBRIS

ANCIENS ET MODERNES

faisant partie

de la collection de M. H. T.

dont la vente aura lieu

à Paris, HOTEL DROUOT, Salle N° 8

Les 24 et 25 Octobre 1906

à 2 heures précises

Par le ministère de

Mᵉ Maurice DELESTRE, Commissaire-Priseur

5, Rue St-Georges

Assisté de M. LOYS DELTEIL, Artiste-Graveur, Expert

22, rue des Bons-Enfants

CONDITIONS DE LA VENTE

Elle sera faite au comptant.

Les adjudicataires paieront *dix pour cent* en sus des enchères.

M. Loys Delteil remplira les commissions que voudront bien lui confier les amateurs ne pouvant y assister; il se réserve, en outre, la faculté de diviser ou de rassembler les lots.

MM. les amateurs pourront visiter la collection, 22, *rue des Bons-Enfants*, du Mercredi 17 au Mardi 23 Octobre, de 2 heures à 5 heures, le *Dimanche excepté*.

Ordre des Vacations :

Mercredi 24 Octobre. . . . . Nos 1 à 200
Jeudi 25 Octobre. . . . . 201 à la fin

VENTES PROCHAINES

1906-1907

24-25 Octobre. — Collection de M. H. T. Ex-libris anciens et modernes.

Novembre. — Vente composée : Estampes anciennes et modernes.

Novembre. — Collection de M. VICTOR BOUVRAIN, architecte (1re partie). Importante réunion de portraits anciens. — Eaux-fortes de Ch. Meryon.

Novembre. — Collection de M. L***. Œuvre important de Gavarni ; œuvre de Daumier.

Décembre. — Vente composée : Estampes et dessins.

Février. — Collection de M. V. BOUVRAIN (2e partie). — Ornements anciens. — Typographie.

Mars. — Collection de Mme Ve F. L. Importante collection d'Eau-fortes modernes.

Mars. — Vente composée : Estampes modernes. — Dessins.

Mars. — Vente composée : Estampes anciennes. — Dessins.

Les catalogues des ventes mentionnées ci-dessus seront adressés aux amateurs qui en feront la demande à M. LOYS DELTEIL, 22, *rue des Bons-Enfants.*

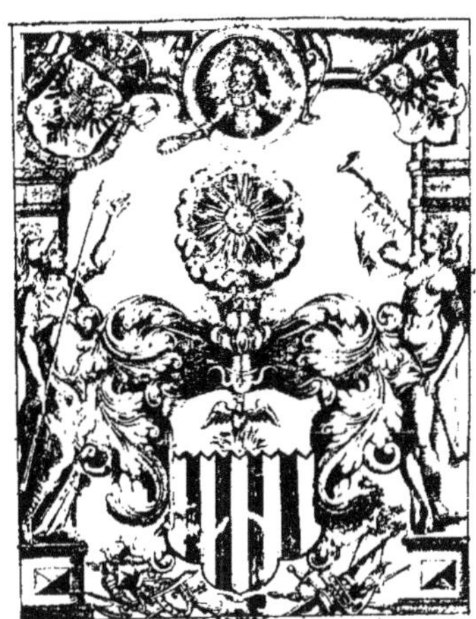

N° 25 du Catalogue.

DÉSIGNATION

FRANCE

XVIIe SIÈCLE

1. Barnier (Ph. Emm.), attr. à *S. Le Clerc*. Petit in-4°. Rare.
2. Bertin (P. Vinc.), attribué à *Séb. Le Clerc*. Très belle épreuve, toutes marges.
3. Bigot (familles), 6 variantes, une par *Toustain*.
4. Boutaudon (de), 3 variantes in-12.
5. (de Brinon)? Grand in-8. Très belle épreuve.
6. Charreton, par *J. Picart ?* Belle épreuve.
7. Chassebras. In-12. Belle épreuve. Rare.
8. Chateaufort (Louis de), dit Louis bras-de-fer. In-4°. Très rare.
9. Dacquet. Belle épreuve. Rare. On y a joint une reproduction héliographique.

10. Deshayes (N. J.), 3 variantes.
11. Du Peyrat, par *J. Picart?* Très belle épreuve.
12. (Du Puy du Fou), par *J. Picart.* In-4° en largeur. Belle épreuve (très légèrement rognée). Rare.
13. Fevret (Ch. et B. Ch.), 4 pièces. (On y a joint un portrait de Ch. Fevret, par *N. Auroux*).
14. (Denis Feydeau de Brou). Petit in-4.
15. Guyet la Sourdière. Grand in-8. Belle épreuve. Rare.
16. Lamare de Chenevarin (Ant. de). Petit in-4. Belle épreuve *avec le texte typographique explicatif.* Rare.
17. La Reynie et Tralage, 3 variantes in-12 et in-8.
18. (Machéco de Premeaux). Grand in-8. Rare.
19. Mareste (Ant. de), 3 variantes in-12 et in-8.
20. Maridat (Pierre de), 2 variantes in-12 et in-8°.
21. Maulnorri, par *J. Picart?* Très belle épreuve. Rare.
22. Saint-Cyr (Maison de), gravé sur bois in-18. Rare.
23. Sainte-Marthe (de), par *J. Picart.* Très belle épreuve. Très rare.
24. (Yves de Sarcon). Grand in-8 en larg. Rare.
25. (de Sarragoz), co-gouverneur de Besançon, par *Pierre de Loisy.* In-8. Très rare (piqûres de vers).
26. Scott de la Mésangères. Grand in-8. Belle épreuve. Rare.
27. Simon (Claude) — (Talon). Deux pièces gravées sur bois.
28. Armoiries de Guil. Tronson, par *Alb. Flamen.* Très belle épreuve.
29. Valois (Adrien de), Sgr de la Mare, historiographe. In-8. Très belle épreuve.
30. Villetaneuse (Robert de), par *I. Briot.* Grand in-8°. Rare.
31. Petau (Alex.) — Félibien (André), 1650. Deux pièces.
32. Boussac (de) — Regnouart (de) — Villetaneuse (Rob. de). Trois pièces.

33. (de Lesquen) — (de St-Bonnet) — (St-Yon). Trois pièces in-8. Belles épreuves.

34. (de Chastellux), par *C. Berain* — (de Varaignes) — Manchon — Anonyme, par *Nonot*. Quatre pièces.

35. Bouchard de Mehérenc — Baudran (M. A.) — Theroulde (L.) — (Lacroix de Vimeux ?) Quatre pièces. Belles épreuves.

36. Bertheaume, par *J. Toustain* — Pellot, par *J. Toustain* — Mareschal (C. A.) — Lionne (de) — (de Falletans). Cinq pièces. Belles épreuves.

37. Taisand (P.), par *Le Bossu* — Le Pottier (J.) — Anonymes, 2 p. — (Deshayes). Cinq pièces.

38. (Boudan de St-Amand) — (Tarin) — (de Verthamon) — (Vacher) — (Villedieu de Torcy) — Argenson (Bibl. d'). Six pièces.

39. (Arnauld d'Andilly), par *Gosset* (rogné) — Ruffier (Cl.), 2 var. — (Lanau) — (Goujon) — Billy (Ph. de), par *Bergé* — (de la Perelle) — (Le Féron d'Eterpigny) — Fevret de St-Mesmin. Neuf pièces.

XVIIIe SIÈCLE

40. Anthoine (J.), par *Colin, d'apr. de Senemont*. Belle epreuve.

41. Archambault (d'), par *A. F. Sergent*, 1778. Belle épreuve.

42. Bermingham, chirurgien, par *J. Ingram*. Petit in-8.

43. Bordeaux (Musée de), par *Pallière*. Belle épreuve.

44. Bourbon-Busset (Vte de) 2 variantes, une par *Mme Jourdan*, 1788.

45. Boyveau (P.), dit Laffecteur, médecin. Deux variantes, l'une avec le *bonnet phrygien*. On y a joint un portrait du personnage, soit trois pièces.

46. Brienne (de) — Deu. — Anonyme. Trois pièces par *C. N. Varin*.

47. (Briot), par *J. F. Janinet.* In-8.

48. Cangey (L. M. F. Trézin de). In-8. Très belle épreuve.

49. Chastanet (C. L. J.), par *Durig.* In-8. Belle épreuve.

50. Chateaugiron (J. M. de), par *Ollivault.* Très belle épreuve.

51. Coppette (l'abbé P. Franç.). In-12. Très belle épreuve.

52. Delaleu — (Deschamps de Louveau) — Phillips (H.). Trois pièces par *Franç. Montulay.*

53. Deschamps des Tournelles (L.), 2 épr. — (Moreau d'Hemery). Trois pièces par *Moreau.*

54. Des Salles, par *Nicole.* In-8. Belle épreuve.

55. Desmares (Jacques), par *C. E. Gaucher.* In-8. Très belle épreuve.

56. Dorat de Chameulles (Cl.), jolie pièce in-8. Belle épreuve.

57. Le même ex-libris, avec marges.

58. Dumas de Vaudancour, par *Lançon.*

59. Dumas de Vaudancour, 1753 — (Marcol). Deux pièces, par *Nicole.*

59 *bis.* Filhot (de) — Poverel (de). Deux pièces par *Pallière.*

60. Fontenay (A. P. de), par *J. M. Moreau le jeune,* 1770. Très jolie pièce. Rare.

61. Gallois, 1763 — (Cte de Civille). Deux pièces par *Nicole.*

62. Gaulard de Saudray (C. E.), 1770. In-18.

63. Geille-St-Léger de Bonrecueille, curieuse pièce à emblèmes maçonniques. Rare.

64. Geoffroy (Math-Franç.), pharmacien. Deux variantes, une par *Cl. Duflos, d'apr. S. Le Clerc.* Belles épreuves.

65. Glomy (J. Bapt.), par *lui-même,* 1741. Très belle épreuve.

66. Godefroy (D.), 4 variantes in-12 et in-8.

67. Godrands (des), par *Roger*. Petit in-8. Rare.

68. Godrands (Bibl. des), 2 variantes.

69. Grimod de la Reynière (A. B. L.), 2 variantes (une typographique). Belles épreuves.

70. Gueullette (Thomas), par *Bellanger*. In-12 en largeur. Très belle épreuve. Très rare.

71. Variante du même ex-libris, par *H. Becat*. In-8 en hauteur.

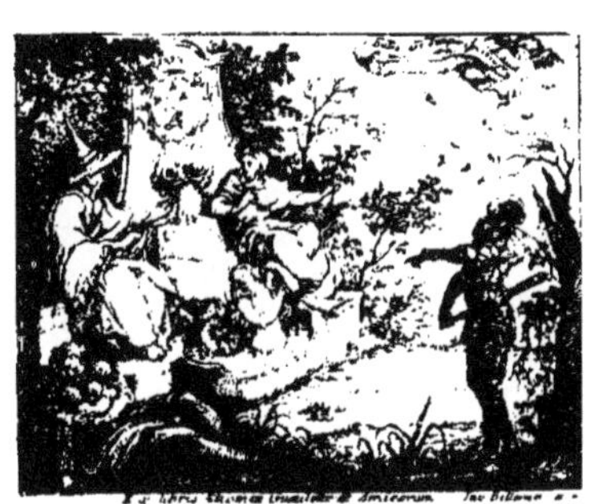

N° 70 du Catalogue.

72. Harscouet de St-George, par *Ollivault*. Rare.

73. Hénault (Ch. J. Fr.). Deux variantes d'après *F. Boucher*. Belles épreuves.

74. Henrion (C. H.), par *Cl. Roy*. Deux variantes.

75. Hérè (Emmanuel), architecte lorrain, par *D. Colin*, 1752. Très belle épreuve. Rare.

76. Hozier (L. P. d'), 2 variantes in-12 et in-8 — Hozier (Ch. d'). Trois pièces.

77. Huot (J.), par *F. Huot* — Louis le fils. Deux pièces. Belles épreuves.

78. Huquier (J. G.), par *lui-même*. In-8. Rare.

79. Isambert (J. J.), par *N. Le Mire*, 1746. Très belle épreuve. Rare.

80. Jarry (R. M.), 2 variantes, une par *Boutrois*.

81. Jaume (Fr. Thomas), avec cache ou papillon au nom de Fr. Grognard. Belle épreuve. On y a joint un exemplaire du papillon Grognard, soit deux pièces.

82. Joubert (Phil. Laur. de), 4 variantes, deux par *Chalmandrier*.

83. Laborde (N. G. Hamarc de), par *Cl. Roy*, 1765. Belle épreuve.

84. Laflize (Dominique), par *Collin*, 1768. Deux variantes. Belles épreuves.

85. Lambert de Villejust, par *Brenet*. In-8.

86. Lanau (A. B.) — (Villeneuve de Martigny). Deux pièces par *J. Michel*.

87. La Rochefoucault-Bayers (F. de), par *Aug. de Saint-Aubin*. Très belle épreuve.

88. Lavoisier (Ant. Laur.), par *De la Gardette*. Petit in-8°. Deux exemplaires.

89. Le Bret de Flacourt, par *J. Michel*. *1731*. Belle épreuve. Rare.

90. Le Couteulx (Familles), 5 variantes.

91. Lejourdan, 3 var. par *G. de T.* et *L. M. P.*

92. Lemoine, instituteur, 2 variantes in-8 et in-4 (grattage à la pl. in-4).

93. (Le Pelletier de Martinville), 2 var. in-12 et grand in-8, par *J. C. François*. (déchirure à la grande pl.).

93 *bis*. Le Rebours (J. B. A.) — (de Monthiers). Deux pièces.

94. Le Vassor de la Touche, par *Ingram*, *d'apr. C. N. Cochin*. Très belle épreuve.

94 *bis*. (Lucenay) — (J. B. Morin) — Podio (P. L. de)-Secousse (D. F.). Quatre pièces par *Cl. Roy*.

95. Ludovici Chef d'hostel — Quillebeuf (J. F.) — Houdemare (d') — Couvert (de). Quatre pièces par *Goüel*. Belles épreuves.

96. Luillier Chalendos, par *C. Baquoy* — Bethune-Charost (de), par *P. F. Tardieu* — Puységur (de), par *J. Le Roy*. Trois pièces. Belles épreuves.

96 *bis*. Madaillan (de) — Puech — Anonyme. Trois pièces par *Baumès*.

97. Magon de la Gervaisais, par *P. Q. Chedel*. Rare.

98. Mahuet (de), 3 variantes, une par *Nicole*.

99. Margue, 3 variantes, une *sans aucune lettre*, une autre *avec la faute*.

99 *bis*. Mascrany (de), 2 variantes, une par *J. B. Scotin*.

100. Meaux (Bibliothèque de), 3 variantes, une signée : *S. F. 1738*.

101. Menin (Nic.). Petit in-4°. Belle épreuve. Rare.

102. Autre ex-libris du même personnage, 1740. Petit in-4. Belle épreuve. Rare.

103. Mengin — Riston — Willemet (R.). Trois pièces par *Collin*. (état médiocre).

104. Merard de St Just, 3 variantes, une par *Croisey*.

105. Millet de Chevers, par *Collin*, 1736.

106. Le même ex-libris.

107. Montigny (Etienne Mignot de), 3 variantes par *Louise Le Daulceur*. Très belles épreuves.

108. Montmorin St-Hérem (Cte de), d'après (*Moreau le jeune?*). In-8.

109. (Moutle de Champigny), par P. F. Tardieu. Très belle épreuve.

110. (Nantes, nouveau cabinet de lecture), par *L. Legrand*. Belle épreuve.

111. Nay et de Richecourt (H. H. de), par *J. C. François, d'après C. Charles*. Très belle épreuve.

112. Le même ex-libris avec variantes, pour C. L. Jacquemin, 1739. Très belle épreuve.

113. (Pajot d'Onsenbray et Moreau de Séchelles), gravé sur bois. In-12. Rare.

114. (Papillon de la Ferté) In-12. Rare épreuve *avant la lettre*.

115. Perrot (P. Claude), attribué à *L. Monnier*. Deux très belles épreuves, une *avant la lettre*. Rare.

116. Petitbois (du), par *Ollivault*, 1772. In-8. Belle épreuve.

117. Pimodon de la Vallée-Rarécourt (de), par *Rose*. Belle épreuve.

118. Poilly (L. de), attr. au Cte *de Caylus*. Rare.

119. Pons (Pce de). In 8. Très belle épreuve.

120. Le même ex-libris — Pons (Mis de). Deux pièces.

121. Provenchères (de), 1762 — Rehainviller (de), 1754. Deux pièces par *Nicole*.

122. Régiment du Dauphin (Infanterie), 2 var. par le *Ch[r] de Pujol* et par *Traiteur*.

123. Rivière (J. B.), par *Messager* — Papillon, par *Demonchy* — La Rosée (Aloys de), par lui-même, 1769. Trois pièces. Belles épreuves.

124. Rocher (Cl.), par *Seraucourt*, 1747 — Saunier (L. P.) — Deux pièces. Belles épreuves.

125. Saint-Maurice (Pécquot de), 3 variantes.

126. Salis (André de), par *P. P. Choffard*. Belle épreuve.

127. Saulot de Bospin, par *Arrivet?* Trois variantes.

128. (Seguier), par *C. S. Gaucher* — Clouet, par *de la Gardette* (petite restauration). Deux pièces.

129. Sirejean fils, par *Colin*, 1754. Très belle épreuve.

130. Soubry (J. A. I.). In-8. Rare.

131. Souchay (P. H.), par *J. J. de Boissieu*. (Restauré).

131 *bis*. (Suarez d'Aulan) — Pellissier (de) — Anonyme. Trois pièces par *J. Michel*.

132. Tascher (P. Athanase), par *Cl. Roy*. Deux variantes.

133. Thery de Gricourt, par *Thesy?* In-8. Belle épreuve. Rare.

134. Thibault — Thouvenin. Deux pièces par *Collin*. Belles épreuves.

135. Thibault (Cl.) — Convers (P. A.), 1762. Deux pièces par *L. Monnier*. Belles épreuves.

136. Toustain (Vte de), par *Ollivault*. In-8. Belle épreuve.

137. Tronchin (J. A.), par *P. P. Choffard*, 1779. Belle épreuve.

138. Vacher (Louis), 1768 — Convers (P. A.), 1762. Deux pièces par *L. Monnier.*

139. Valory (Ch^{r} de), par *lui-même*, d'apr. F. Boucher. Très belle épreuve.

140. Villers (J. C.), par *Ollivault.* Très belle épreuve.

141. EX-LIBRIS FÉMININS : Arenberg (Mme la D^{sse} d'), par *A. Cardon.* Ex-libris ou carte de visite ?

142. Besset de la Chapelle Milon (H^{tte}) — Jonsac (C^{sse} de). Deux pièces. Belles épreuves.

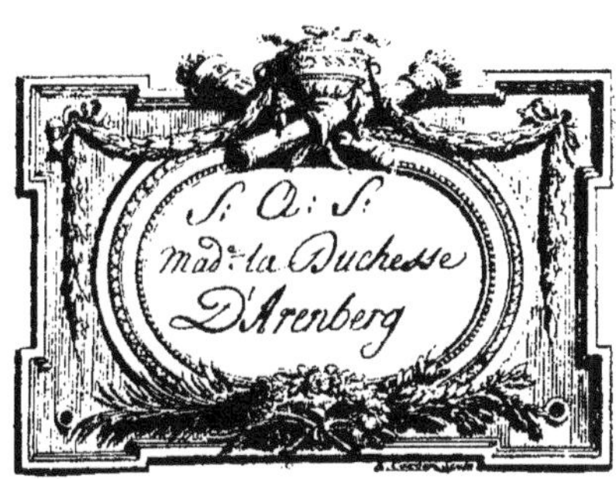

N° 141 du Catalogue.

143. Bourzac (C^{sse} de) — Fleury (M^{ise} de) — Tordreau (M. et Mme). Trois pièces.

144. Broglie (M^{ise} de), née Besenval — Vassal (Mme de). Deux pièces in-12. Belles épreuves.

145. Fuligny-Damas (C^{sse} de), par *Cl. Roy.* Grand in-8. Belle épreuve.

146. Fuligny-Damas (C^{sse} de), 3 variantes in-12 et in-32, une par *Cl. Roy.*

147. La Trémoille-Thouars (D^{sse} de), par *Tardieu fils.* Très belle épreuve.

148. Lenghac (C^{tte} A^{tte} Félicité de Lénoncour, M^{ise} de), par *d'Orvasy, Nancy.* Belle épreuve. Rare.

149. Pons (Mlle de). In-8 en largeur. Rare.

150. Roland de Challevange (Mme), Conseillère au Parlement. In-8°.

151. Beaumanoir (Mme de) — Fleury (Mise de) — Ossun (Csse d') — Pons (Mise de). Quatre pièces.

152. Boisgelin (de) — Bouchard (Mme) — Roullier (Miss) — Valicourt (Eliz. de) — La Force (Dsse de) — Vaudreuil (Csse de) — Rzewuska (Cssa) — Foltz (Mme), typogr. — Borde (Mme de la), typogr. — Anonyme. Dix pièces.

153. Ex-libris révolutionnaires. Laforest, 2 variantes, une surmontée du bonnet phrygien.

154. Lambel (J. M.). ex-l. surmonté du bonnet phrygien. Rare.

155. Pigou (J.), 2 variantes. Belles épreuves.

156. Ex-libris révolutionnaires typographiques : Jorant — Delorme — Leprince (C. L.) — Anonyme — Dubois de Fosseux — Citoyen Accarier, prêtre, *L'an de J. C. 1793, le 2 de la Répub.* — Lecaron — Vimal-Lajarrige d'Ambert — Villiers (M. E.). Neuf pièces.

---

157. Anonymes à écussons accolés. Huit pièces.

158. Anonymes. Quatre-vingt-dix pièces. Neuf lots.

159. Adamoli (P.), 1733 — (De Sevaux?) — (Bernard de la Vernette) — (Jacobé), par *Bourgeois* — Saphoux (B.) — (de Chapel d'Estang) — Robilliard, 2 var. — (Bosc) — (Bachelier de Monteil). Dix pièces.

160. Aligre (d') — Serres (A. J. P.) — Lannoy de Merchin (de) — Anonyme, par *Brupacher* — (d'Arnaud et Chavaudon), par *Gouel* — Thibault (Cl.), par *Monnier* (mal conservé) — Furstenberg (Bon de). — (Fouquet?) — (de Rouillé) — L. A. M. Dix pièces.

161. Allemans (d') — Ameline de Quincy — Baron (H. T.), 2 variantes — (Boulard d'Angirey) — (Bengy de Puyvallée) — Besset de la Chapelle Milon (N. P.) — Blondel. Huit pièces.

162. Anonyme, par *Gamot* — Bibl. de Caen, 2 var.

typogr. — Charbonnier (B.) — (de Schomberg) — Bibl. de St Ange — Bibl. du Château de Villiers. — de Boulot, 1706. Huit pièces.

163. Archambaud Douglas — Dudoüet (Ph.) — Fajon — (Favart) — (Le Fournier de Wargemont) — (Frémont d'Auneuil) — (Fouquet de Belle-Isle). — Dayrolle (S.). Huit pièces.

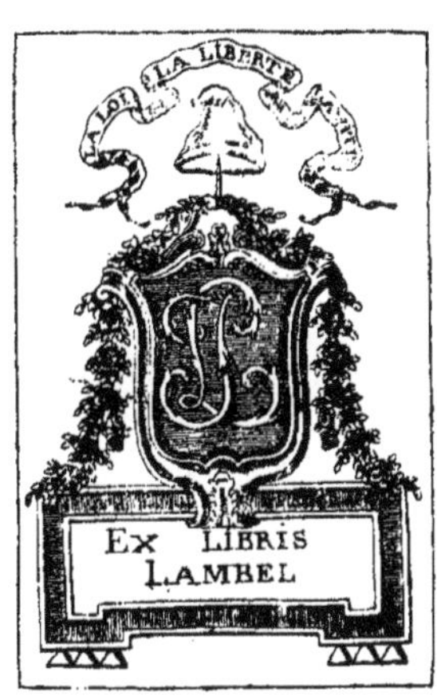

N° 154 du Catalogue.

164. Assenoy (d') — Balleroy (M's de) — Barbier Dentre-Deux-Monts — (Baudouin du Basset) — (Bengy de Puyvallée) — (Bernard de la Vernette) Six pièces. Belles épreuves.

165. Aubaret (A.) — Aubert (R. P.) — Aubert (L.) — Aubry (J. T.), par *Martinet* — Baudelot (N. J.), par *Corlet* — (Bellaud), 2 épr. — (Nic. Bergeot) — Bronod — Brosses (Ch. de), par *A. Aveline*. Dix pièces.

166. Aubert (Alex.) — (Bachelier de Monteil) — Champcenetz (de) — Dallier (Cl.), par *J. C. (J. Collin)* — Dogny (J.), par *J. Collin*. Cinq pièces. Belles épreuves.

167. (d'Angerville) — (du Barry) — (Andranet) — (d'Aligre) — Baschi d'Aubais (Ch.), 2 var. — (Bé-

guin de Savigny). — (Bénion de Riverie ?) — Bergiron (A.) — (Berthelot de Kerbiquet) — (du Blanc de Brants). Onze pièces.

168. Blanriez (de) — (Boesse de Nury) — (d'Esneval), 2 var. — (de Boisgelin) — Boissy d'Anglas — Merlet, 2 var. une *enluminée*. Huit pièces.

169. Bailleul (de), par *Campion* — Lemullier (J. F.) — (Loge du Bassin), 2 var. — Le Long — Longvilliers (de) — Loppin de Masse — Loppin de Montmort. Huit pièces. Belles épreuves.

170. Ballière (C.) — Ronsin (J.) — Le Roy — Le Febvre (P. J. G.) — Midy de la Grainerais (L. E.). Cinq pièces par *Jacques* et *Dorothée Jacques*.

171. (Baschi de St Estève) — Bouheret (J. L.) — Boutemont (de) — (Broue de Vareilles) — De St Hilaire — Boze (Cl. de) — Merigny (de), 2 var. — (de Mirabeau). Neuf pièces.

172. Baschi d'Aubais (de), 3 var. par *Scotin* — Hyenville (d'), par *Viotte* — Viry (de), par *Wasset* — Maurisset (C. M.) — Bontemps (L. J. M.) — Brosse — Montendre (de). Huit pièces.

173. Bellissen (de) — Descamps (J. B.) réimp. — Le Bouthillier de Chavigny — Couvert (de), par *Goüel* — (de Boullongne) — Laussat (J. G.) — Rozier (D.), par *Billé* — Bouju par *Mme Desmaisons* — Badin de St Aubin, par *Chollet* — Fyot, par *Durand*. Dix pièces.

174. Beraud (J. L.) — Boisot (Cl.) — Boscheron, par *Berthault* — Bouju, par *Mme Desmaisons* — (Bourgeois de Boynes) — Brosses (de), par *A. Aveline* — Camelin (M. H. de) — Caulet d'Hauteville — Champagne (C. A. L. Louis de) — (Changy de Chesnay). Dix pièces.

175. (Bernard de la Vernette) — (Rouillé) — Sangnier d'Abrancourt — Toullet de Maison (J.). Quatre pièces par *P. F. Tardieu* et *L^se^ Duvivier-Tardieu*.

176. Bertin (Phil. Val.) — (Bidé de Chézac) — Billar-

derie (de la) — Blanchard (P.), 1770 — Bochart (Elie) — Boitel de Richeville (J. C.). Six pièces. Belles épreuves.

177. (de Béthune), 3 variantes par *Delcourt, M. Lemaire* et un anonyme — La Rochefoucault (Familles de). 3 p. — Ensemble six pièces.

178. Bibl. des Chirurgiens de Paris — (Courtin de Neufbourg). — Scherer de Scherburg — (St Sauveur et de Mortreux) — (Le Tellier de Souvré et de Boisgelin), 2 var. — (Doger de Spéville), 2 var. Huit pièces.

179. Bieswal (B.) — Fauconpret de Thulus (de) — Le Febure de la Basse Boulogne. Trois pièces par *Vacheron*. Belles épreuves.

180. Boecler (J.) — Boecler (P. H.) — Reynold (G. de) — Spielman (J. R.) par *J. Striedbeck* et *Weis* — (Vaninac d'Imécourt) — Cazenove (Th.), par *C. Philips*. Six pièces.

181. Boize (de), par *L. Legrand* — (de Maupeou), par lui-même — (Moulinneuf), par *lui-même* — Mascrany (de), par *J. B. Scotin* — Ruffey (Rich. de), par *Scotin* — Richard de Vesvrotte, par *Scotin* — Duchesne, par C. M. M. Sept pièces.

182. Bona (C. E. de) — Bordier (J. E.) — Bourlier l'aîné, 1750 — (de Boynes) — Bourzac (La Cropte de), 2 var. — Boutet (du), 2 var. — Bureau. Neuf pièces.

183. (de Bonneval) — (Le Bouyer de Monhoudou), 2 var., une typographique — (Bullion de Terraque ?) — Champflour (de), 2 var. Six pièces.

184. Bouché d'Urmont — Boula de Coulombiers — Bourdon (M. J.), 1766, 2 var. — Buchelet (de) — Bullier (T.) — Bus du Bois (du) — Busquet. Huit pièces.

185. Boula de Montgodefroy (A.) — Boula de Nanteuil (A. F. A.) — (de Fourqueux) — Champcour (A. de) — Aiguillon (duc d'), 2 p. — (Quarré d'Aligny) — Dutertre — (Surmain) — Vannoz (F. de) Anonyme. Onze pièces.

186. Boula de Paris — Bourgevin de Vialart (de) — Carbon (P. L. de), par *Baour* — Chapaix — Descasaux — Durey de Noinville. Six pièces. Belles épreuves.

187. Bourgevin (de) — Bourlet de Vauxcelles, 2 var. — Bouschet de Sourches — Boueron (P.). 2 var. Six pièces. Belles épreuves.

188. Boyat (L.) — (Clopin) — Camusat (L.), 1708 — Robillard (N.), 1724 — (P. C. Laurens) — Perard (J.), 1735. Six pièces.

189. Bragelongne (de), 2 var. — Brancas — Villeneuve et Forcalquier (de), 4 var. Six pièces.

190. Brallet (J. F.) — De Flandres — (Fiquet du Boccage) — Anonyme. Quatre pièces par *Gamot*. Belles épreuves.

191. Bretin (J. B. H.) — Cannac (P.) — Choart — Desligneris — Desloges — Doyen (A. F.) — Noyelles (de). Sept pièces.

192. Brier (Alph. de), par *J. B. C.* — Bunault de Fremont — Caboud (de) — Cadet (L. Cl.) — (de Castaing) — Caulet d'Hauteville — Celon (de). Sept pièces.

193. Brosses (de), par *A. Aveline* — Vallée (O.), par *Beaumont*, 1730 — Vaucresson (de), par *Beaumont* — Boscheron (J. G. R.), par *Berthault*, 1777 — Aubin, par *Branche* — (Seguier), par *Branche* — Machéco de Prémaux, par *Chaumier*. Sept pièces.

194. Brusset (C. J. L.) — Cazenove — Chamont (Chr de) — (Collinet de la Salle), restauré — G. D. — (de Vergennes) — (Le Héricy) — Bibl. de Gambais — (de Lordat et Caumont de la Force) — Hozier (P. d'). Dix pièces.

195. Cailly (de) — Cambacérès fils — Canclaux (J.) — Cannac (P. P.) — Chanut (Germ.), 2 var. — Michel de la Jonchère — Motteville (de) — Montlaur (de) — Nadaillac (de), 2 p. — Naville. Douze pièces.

196. Cambon (F. T.). par *J. Mercadier*, in-18 — Camus

de Pont carré (J. B. E.) — Catellan (J. M. de) — (de Chabert) — (Changy de Chesnay) — Chateaugiron (J. M. de) — Constantin — Corraud (J. B. R.) — Cossé (Duc de). Neuf pièces.

197. Camelin (M. H. de) — Cannac (P.) — St Agne (Bibl.), 2 épr. — Champagne (A. L. Mouis de) — Cochon (P.) — Coquereau (C. J. L.) — Cottin de Fontaine, par *T. C. Guillaume* — Courten (de), par *Brupacher*. Neuf pièces.

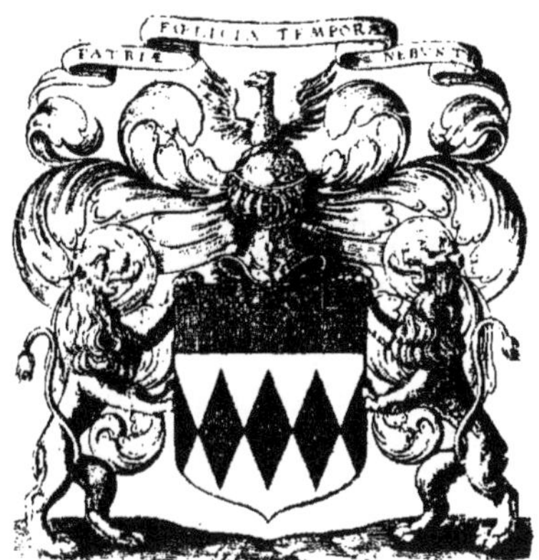

N° 23 du Catalogue.

198. (Champion de Cicé ?) — Chaumejan de Fourille — (Chauveton St Léger) — (Pallu du Ruau), par *Germain*. Quatre pièces. Belles épreuves.

199. Chavane (J.) — Ludovici Chef d'hostel, par *Goüel* — Claret Delatourrette, 1719 — (Corberon) — Correard (J. M. A.). Cinq pièces.

200. Cottin de Fontaine, par *T. C. Guillaume* — Crémaux Dentragues (mal conservé) — Damas d'Anlezy — Doyen (A. F.) — Fenille (de), par *Durand* — Fréval (de). Six pièces.

201. Cinier (J. J.), 2 var. — Thiroux d'Arconville, par *Louise Le Daulceur* — St James (de), par *Arrivet* — Anonyme, par *Bréant* — Perier (F. L. J.). Six pièces.

202. Clavière (G.) — Clavière (L.), 1769 — Le Clerc de Juigné — Clugny (J. E. B. de) — Collin — Le Conte de Bièvre (J. J. F.) — Contencin (P.) — Conzie (de). Huit pièces.

203. Colas de la Noue — L'Ecuy (J. B.) — Le Normant (J.) — Lyvet d'Arantot (de) — Mailly — Mareschal de Montéclain — Marié de Toulle — Mathieu (J. B.) — Michaud de Montaran — Neyrat (C). Dix pièces.

204. Coqueley de Chaussepierre — Le Cordier (E.) — (Cossart d'Espiez) — Cossé (Duc de) — Coste de Champéron, 2 var. — Cotelle de Grandmaison. Sept pièces. Belles épreuves.

205. Cremaux d'Entragues (de), 2 var. — Crochart (de) — Daymar — Debourville — Decaquelon — Delamichodière (J. B. et P. M.). Huit pièces. Belles épreuves.

206. Delisle — Desfours — Develle de Villette — Du Douet — Dumont (J. F. J.), 2 var. — (Dupré de St Maur). Sept pièces. Belles épreuves.

207. Cottart — Delaleu, par *Montulay* — Hyenville (d'), par *Viotte* — Djeres (P. C. J.), 1752 — Dumonceaux — (Duvignau) — (d'Espeigne) — Failly — Fossoul. Neuf pièces.

208. Courtarvel (Mis de), par *Lucas* — Luynes (d'Albert de), par *Cl. Roy* — Le Tellier de Courtanvaux. Trois pièces à *attributs militaires*.

209. (Cusset) — Delacour — Delagrave — (Duguet) — Dufau (B.) — (Estavayé) — Falquet de Planta — Flamen d'Assigny — Florin (J. B.) — Foucault (N. J.), 3 var. réimpr. Treize pièces.

210. Cuzieu (de) — Filliard (P. L.) — Geuffrin — Lejeune (E.) — Le Prince au Mans — St Pol (de) — (du Boulay), 2 var. — Bouillet (J. B. A.), 2 var. Dix pièces.

211. Cuzieu (de) — Pasquier de Messange, 2 var. — Villiers (de) — (Du Four de Corgeron ?), par

Jeanjean — (Seguin de Vallengé) — (Le Tellier de Louvois). Sept pièces.

212. Damas d'Anlezy — Damours — Denis — Desligneris — Dompierre (A. M. F. Paule de) — Doyen (A. F.) — Dubois — Durand (G^{e}). Huit pièces.

213. Deschamps de S' Amand — Reybier (J. M.) — Huguenin Dumitand, par *M. Thevenard* — Moretan-Chabrillan (de), par *Traiteur* — Comeau de Satenot, par *Maurisset* — Jochaud Verdière. Six pièces. Belles épreuves.

214. Des Essarts, 1730 — Lecauchois — Le Thieullier (L. J.) — de Madre, 2 var. — Gallet de Canne (J. B.) — Gallois (J. L. G.) — Du Guet. Huit pièces. Belles épreuves.

215. Desprez de Roche, par *Lordonné* — Saporta (de), par *Lordonné* — Fabré (J.), par *Mercadier* — La Cressonnière (de), par *Merlot* — De Tours (C. Ant.), par *Montagny* — Andrault (P.), par *Delarbre*. Six pièces. Belles épreuves.

216. Du Chemin (L. F.), 3 var. — Anonyme — Bibl. Clémentine — Daval (J.), restauré — Nicole — Fauconpret de Thulus (de), par *Helman* — Cleenwerck de Crayencourt, par *Helman*, 1768. Neuf pièces.

217. (du Cluzel ?) — Bachelier fils — Pihan de la Forest — Escars (Fr. d'). Quatre pièces. Belles épreuves.

218. (Durand) — Durieux de Beaurepère — Ecaudé (l') — (d'Esparbès) — (Espivent de la Villeboisnet) — Estival (J. E.) — (de Faulx) — France — Manscourt (de). Neuf pièces. Belles épreuves.

219. Ecole Royale Militaire — Département de la Guerre, par *N. Le Mire* — Vignette au chiffre de Louis XV — Collège d'Eu — Ville de Lyon. Cinq pièces.

220. Enfrenel (d') — (Colas de la Noue, 2 exempl.) — Collombat (J. F.) — Coquereau (C. J. L.) — Cousin — La Cressonnière (de) — Crest de Villeneuve (du) — Delafaye (restauré) — Dezauche (J. C.). Dix pièces.

221. Faivre-du-Bouvot — Fenille (de), par *Durand* — Fréval (de) — Gallatin, par *Robin* (mal conservé) — Gastaldy (J. B.). Cinq pièces.

222. Gigot d'Orcy — Gillet (J. F.), 1778 — Godefroy (D.) — Gravelle de Fontaine — Guymonneau (J. G.). Cinq pièces.

223. Fenille (de), par *Durand* — Fyot, par *Durand* — Chanorier, par *De la Laune* — Lamourous (de), par *Pallière* (mal conservé) — Brochant du Breuil, par *C. Mathey* — Mey (J.) par *Mandonnet* — Vallat, par *Ramel* — Gastaldy (J. B.), par *Verrier* — Villiez, par *lui-même*, 1770. Neuf pièces.

224. Fleurieu (Ch[t] de) — Devillers Delaberge, 2 var., par *Poletnich* et par *Branche* — Parent (J. B. J.). Quatre pièces. Belles épreuves.

225. Fossier de Lestart — (Langlois de Motteville) — Laus de Boissy (de) — Loir (F. N. L.). Quatre pièces. Belles épreuves.

226. Fouques — (Geuffrin) — Goislard de Monsabert (de) — Hailly (J. d') — Hurson — Jacquinet (P.) — Joinville (de) — Juillet (A.). Huit pièces.

227. Froment, par *Danchin* — Warenghien de Flory — Nieulant (Vte de) — Estampes (L. d'), 2 var. Anonyme. Six pièces.

228. Fulchiron (J.) — (Le Gendre de Berville), 2 var. — Godard (J.) — (Huon de Kermadec) — (Jehannot de Bartillat) — Labeyrie de Vilcar. Sept pièces. Belles épreuves.

229. Girardot de Paufond — Deglatigny (G.) — St Port (J. B. de) — Gourgue (de) — Dampoigné — Hennequin. Six pièces.

230. Lallemant de Betz — Larcher — Lebourg — Ledoux, 2 épr. — La Luzerne (de), 2 variantes. Sept pièces.

231. Gaussen — Le Gonidec de Traissan — Hémery (d') — Jaillot — Josse — Jugemage — Lamotte (de) — Laus de Boissy — Lebourg — (Legendre) — Liège (du). Onze pièces.

232. Gillet (J. F.) — Glatigny (de) (coupé) — Grasset — Grumet (J. Ph.) — Hasselaer (G. N. P.). Cinq pièces.

233. Hémery (d') — (Hennequin) — La Bastie (de). 2 exempl. — La Haye des Fossés — Lalaure (C. N.). Six pièces.

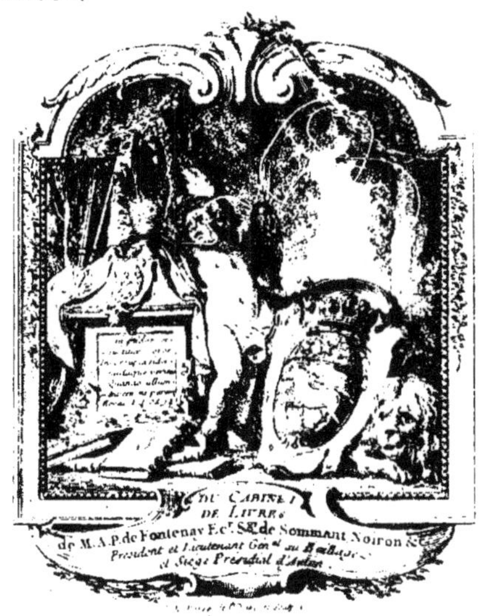

N° 60 du Catalogue.

234. Goille de Fay — (Imbert de Bourville) — Nozières (de) — Pigné de Montchevrel — Pusignieu — (Texier de Hautefeuille) — Vichy (M^r de). Sept pièces. Belles épreuves.

235. Guerrier de Besance, 2 var. — (de Beaumont d'Antichamp). Trois pièces. Belles épreuves.

236. Guignard (J. E. de) — (Girardot de Préfond) — Labarthe (Th. de) — Convers (P. A.), par *L. Monnier*. Quatre pièces.

237. Guillaumye (de la) — (Guiot de Doignon) — Hazon (M. L.) — (Héron de Villefosse) — Hoisnard (A. R.) — Hortin (E. et L.) — (Hue de Miromesnil) — Jorant. Huit pièces. Belles épreuves.

238. Hemey (P. N.), 2 var. — (Le Jollis de Villers) — (Joly de Bevy) — Mac-Mahon — (de Lautrec), 2 var. — (Gilo). Huit pièces.

239. Jehannot de Beaumont (R.), par *Allin* — (N. F. Dauphin?), par *Allin* — (Bochard de St Priest) — (Cochard de Chatenay) — Négrier de la Crochardière — (de Séguins de Cohorn de Vassieux). Six pièces.

240. La Haye des Fosses — Delahaye de Basinville — Dutertre — (de Gillès) — Wal d'Anthinnes (de) — Quatremère — Riacourt (Denis de) — Royer-Dupré (J.) — Ryhiner fils (E.). Neuf pièces.

241. (Lambellon des Essarts) — Lamothe (de) — L'Ange de la Maltière — Langlois — (Le Bas de Cournont) — (Lezay Marnesia?) — (attribué à Mouchard), 3 var. Neuf pièces.

242. La Menardière (de), 2 var. — (de Lamoignon) — Lamothe (de) — Langlois — (Le Bas de Cournont), 2 var. — Lelarge d'Eaubonne. Huit pièces. Belles épreuves.

243. Larcher (J. P.) — Le Conte de Bièvre (J. F.) — Le Febvre du Grosriez — Le Seigneur — Le Tors de Chessimont (E. P.) — Le Normant (J.) — Le Vacher du Plessis — Lohier (A. M.). Huit pièces.

244. (La Trémoille-Thouars), 2 var. — Rouillon (P. Neveu de) — (Pontevès Mansbousquet). Quatre pièces.

245. Laumonier — Bourgongne de Menneville (de), par *Dupin l'aîné* — Roche (Fr.), par *Durand* — Villeneuve-Bargemont (de), par *Faugrand* — Faultrières (M. de), par *Ferrand*. Cinq pièces. Belles épreuves.

246. Laumonier, par *A. Docaigne*, 1762 — Le Blanc (C.) — Le Normant (J.) — Le Prince (P. N.) — Neveu, 1760 — Pigeau (F.). Six pièces. Belles épreuves.

247. Launey (de) — Le Cointe — Toustain (de) — Labbey de Crocy — Bercheny (de). Cinq pièces.

248. La Vieuxville (P. de) — (de Villarceaux ?) — Anonyme, 2 p. — Chiquet de Champ-Renard, par *Mlle Fonbonne* — Foissey (A.), par *Thérèse Brochery* — Raussin (L. J.), 2 var. Huit pièces.

249. Le Maire, par *Brenet* — (Daen de la Rochedaen), par *Brenet* — Anonyme, par *J. B. Carpentier* — Ledoux, par *Coutellier* — Mionnet, par *Lorthier*. Cinq pièces.

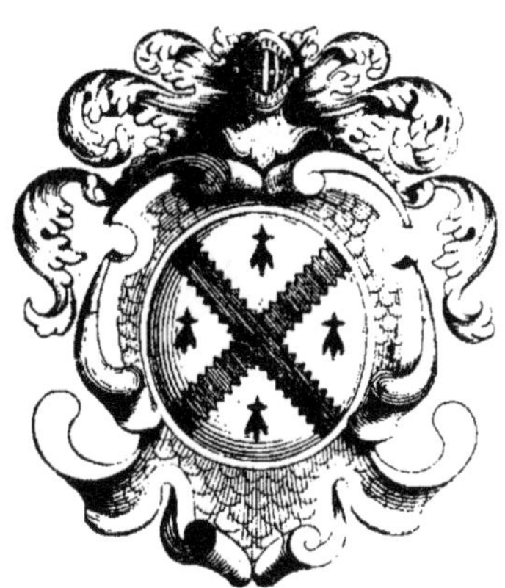

N° 2 du Catalogue.

250. Le Moine (S. A.) — Ladebat (de) — Le Bastier (J. M.), par *Moitte* — Thilorier (de), par *A. Lavau* — (Lucenay), par *Cl. Roy*. Cinq pièces. Belles épreuves.

251. Le Normant (J.) — (Le Roux d'Acquigny) — (de Manteuffel), 2 var. — Marillier, typogr. — May (L. de) — de Montfleury — Casimir de Persan — Anonyme — Richard de Vaesvrotte, par *J. B. Scotin*. Dix pièces.

252. (Le Peletier) — Perrichon (E. G.), 2 var. — Pichenot (F.) — Maton de la Varenne (A. L.), 2 var. — Le Couteulx, 2 var. Huit pièces.

253. Lesage, 2 var. (restaurées) — Dechanrenault (J. A.) — (Pajot de la Forest), 2 var. (petites déchirures). Cinq pièces.

254. Liancourt (Bibl. de) — Tassin de Villiers — Anonymes — M. M. — La Trémoille-Thouars — Bibl. d'Avernes — (Beurard) — Duval — Anonymes, par *Zapourapt*. Dix pièces.

255. Libert de Beaumont, par *J. Derond* — Houé (N.), par *C. M. M.* — Lannion (de), 2 var. — Le Couteulx du Molay, par *Lachaussée* — Droz (F. N. C.), par *Micaud* — Gallatin, par *Robin*. Sept pièces. Belles épreuves.

256. Lucas de St Ouen — Lurde — Deslyons (de) — Macau (J. F.) — Chavaudon (L. G. de) — (du Coudray) — Chevilly (de) — Clary de St Angel. Huit pièces. Belles épreuves.

257. Macquart Deterline, par *Merché* — (d'Haffreingue), par *Merché* (restauré) — Scherer de Scherburg — (Maillart-Landreville et d'Auxois) — (Berwick Fitz James et Thiard de Biny) — Anonyme, signé *D. F.* — (Cousin de Couteville ?). Sept pièces.

258. Mainsonnat (G.) — Vienne (Louis de), par *J. Gosset* — Lelong (C. R.) — Gourgue (de) — Desligneris — Pruvost (C. F.) — Legendre, 2 var., une par *Giffart* — Huguenin Dumitand, par *Thevenard*. Neuf pièces.

259. (Marcol) — (Mareschal de Vezet) — Mathelin (J.) — (de Pressensé ?), par *Merlot*. Quatre pièces. Belles épreuves.

260. Mariane (A.) — Martin de la Bastide (J. B.) — (de Maubuisson) — (Maugne d'Ennezat) — Maurier (J. B.) — (de Montholon) — (de Pechpeyron) — Perard (J.) — (Le Peigné d'Ouménil). Neuf pièces.

261. Marié de Toulle, 2 variantes — Marsollier (B.) — Moisson d'Urville — Molinier (J.) — Mollevaut (S.) — Morand (D.) — Mouchard (F.). Huit pièces.

262. Marié de Toulle — Ménage de Mondesir — Michau de Montaran — Montmorin (Cte de), incomplet — Mouchard (F.) — Nicolay (de) — Papion de Tours — Peysson de Bacot — Pinseau de la Ménardière — Pont de Romémont. Dix pièces.

263. M. B., — Anonyme, par *Leclère* — (d'Espaigne?) — Lalive d'Epinay — Lalive d'Epinay fils — (Jubert de Bouville), 2 var. — Hémard (d'). Huit pièces.

264. Metz (du) — (Michel) — Michel de Villebois (H. M. S.) — (Midy) — Midy (L. E.) — Mignon (D.) — (de Milleville ?) — Millon (F.). Huit pièces. Belles épreuves.

265. Mitiffeu (A. A. G.) — (du Moncel) — Monlaur (Descoubès de) — Montfermeil (Mis de), 2 var. — Monts de Savasse (de) — Mottes (Des). Sept pièces. Belles épreuves.

266. Meuniez (Ant.), par *B. F.* — Hanecart de Briffoeil (J. P.), 1712 — Michau de Montaran, par *Audran*. Cinq pièces. Belles épreuves.

267. (Mouret de Chatillon) — Mouton-Fontenille — Murat, 2 var. — Noblet (B. de) — Le Noir (I. N.) — Nouet (Guy) — (Bon du Nouet). Huit pièces. Belles épreuves.

268. (d'Olivet) — Origny (d') — (d'Ormesson) — (Orrey de Fulvy), 3 p. (2 var.) — (Outrequin). Sept pièces.

269. Moriceau — Murat — Novillars (de) — Papion de Tours — Perard (J.) — Perrin — Resnel (du) — Tournelle (de la) — Trivio (de). Neuf pièces.

270. Naville — Nicolay (de) — Niepce d'Anneville (de la) — Odile, *deux variantes* — Picot de Closrivière — Poivre de Villers (Le). Sept pièces.

271. Nay-Richecourt (de) — Anonymes — Amyens (Aug. d') — (de la Vallée?) — Douglas (L. Archambaud), par *L. Monnier* — Aligre (d') — Basset de Chateaubourg (gratté). Dix pièces.

272. Pagan (Th.) — Pajon (H.) — Parat de Chalandray — Paulet — Payan (J. F. de). Cinq pièces.

273. Pecquet (A.) — Pelée de Varennes — (Le Pelletier de Villeneuve) — Philippe (J. B. et J. A.) Cinq pièces.

274. Papion de Tours — Pastoret (de) — Peysson de Bacot — Pihan de la Forest — Porte (F. de la) — Poulletier. Six pièces.

275. Raussin (L. J.) — Riga (H. J.) — Richard d'Aubigny, 2 épr. — Seguret — Sherer — Silva (de). Sept pièces.

276. (Perruchot), par *Glomy* — Palmes d'Espaing (de), par *Helman* — Borne (J.), par *Lachappelle* — Brevillier, par *Lesoing* — Mey (J.), par *Mandonnet.* Cinq pièces. Belles épreuves.

277. (L. Phelypeaux de St Florentin), par *Brondés* — Anonyme, par *Stagnon* — (de Lansalut). Trois pièces.

278. (de Polignac) — (Poligny d'Errans) — Malamon (de), 2 var. une par *lui-même* — Deu, par *Varin.* Cinq pièces. Belles épreuves.

279. Pomereu (Mich. de) — Poncet de la Grave — (Ponnat) — (Potier de Gesvres) — (J. Potier), rare. Cinq pièces.

280. (J. le Potier?) — (de Prat de Lamartine) — Parfait de Prunelé, rare — Pupil (P.) — St Pardoux (de). Cinq pièces.

281. Ponsainpierre (de) — Quinsonas (M. J. de) — Rieu — Roncherolles (T. G L. de) — Roquencour (de). Cinq pièces.

282. St Chamans (de) — Salvert Mont-Roignon (de) — Saulot — Secousse (D. F.) — Serans (Cte de) — Tilly (Ch. de). Six pièces.

283. Poulletier — L'Abbé (J. B. B.), par *Mansui* — Marié de Toulle — (de Lamarck) — Lyvet d'Arantot — Marin — Morel Depiesses (E). Sept pièces.

284. Racine de Bacherville — Ramsault (de) — Roussy (G. F. de) — Rosé de Champavert (N.). Quatre pièces. Belles épreuves.

285. Raussin (L. J.) — Rega (H. J.) — Richard d'Aubigny — Robin (P. A.) — Roquencour (de) — Roussel — Rosnel (de) — Roux (F.). Huit pièces.

286. Regnard de la Roncière (C. N.) — Reynier (F.) — (Rigoley de Juvigny) — Romamans (M. de) — Rondé (J. F.) — (Rouillé) — Roussel de Goderville — Routy (J. et F.). Neuf pièces.

287. Reuve (de) — Rochemore (de) — Roger (S. R.) — Rolland (B. G.) — Rosset (de) — Rousseau-Delaunois — Roussel. Sept pièces. Belles épreuves.

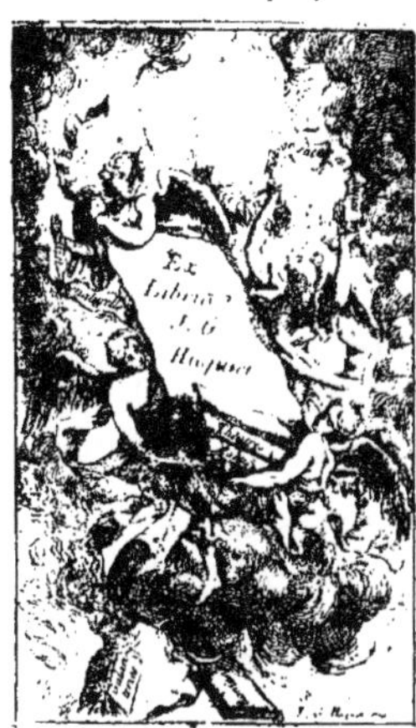

N° 78 du Catalogue.

288. Riacourt (Denis de), par *Thibaut* — St Aurent (de), par *Tubert* — Farjon, par *Tubert* — Amé de St Didier, par *E. Voysard* — Bougainville (de). Cinq pièces. Belles épreuves.

289. Richard, par *Bellotty* — (Turgot), par *Bidault*, 1707 — Hecquet, par *Brochery* — Francœur l'aîné, par *Collard* — Haincque de St Senoch, par *Coquardon*. Cinq pièces.

290. (Richard de Ruffey) — Le Maire, par *Brenet* — Lempereur (C. A.) — (L. M. Le Petit) — Lesueur — (de Chavagnac) — Chevallié (Arm.), incomplet — (Corbeau de Vaulserre). Huit pièces.

291. (de Rissé) — St Pol (de) — Superville (de) — Thelin (du) — Tocquot, typogr. — (Fremyn) — Astorg (Cte d'), par *M. F.* — (de Chaulnes) — Anonyme — (J. J. Bachey). Dix pièces.

292. Roy (C. H. de) — Savoye (J. B.) — Sellon d'Alamon (G.) — Vernisy (J. M.), par *Doyen* — Villemorien (de), par *R. B.*, 1739 — (Villevaut). Six pièces. Belles épreuves.

293. Ste Beuve (de) — Sausin (L. de) — Anonymes, par *Gamot* — Tronchin (J. A.), par *P. P. Choffard*. Cinq pièces.

294. (de Sartines) — Secousse (D. F.), 2 var. — (Le Sens de Morsan) — Simony (de) — Sorberio, 2 var. — Souillac (de) — Tables (Louis des), 2 var. Dix pièces.

295. St Maurice (Mis de) — St Maurice (Bibl. de) — St Père (P. H. de) — St Jullien (réimpr.) — St Priest (de) — St Simon (J. E. A. de) — St Trivier — St Bois (de la Salle). Huit pièces.

296. Saulot — Secousse (D. F. et F. R.) — Séguier (copie) — Sevrey (N.) — Silva — (Thomé) — Vallée (O.), par *Beaumont* — Abbaye de Valloires, par *Mathey* (mal conservé) — Vichet (A. G.) — Xaupi (J.), par *Avisse*. Onze pièces.

297. Talegrand — Taverne (I. N.) — Taverne de Burgault, par *Merche* — Terray (J. M.) — Terray, Lyon — (Testu de Balincourt) — Thibault (H. G.) — Thiroux de Gervillers — (Thomassin de St Paul). Neuf pièces.

298. Taneguy Gale — La Fosse Chatry — (Cte de Saulon) — Anonyme, par *L. Thevenard fils*. Quatre pièces.

299. Thierry de Villedavray, par *Colinet* — Fréval (de) — Affry (d'), par *Demonchy* — Midy de la Grainerais, par *Dthee Jacques* — (Froment), 2 var. Six pièces.

300. Thyard (de) — Le Tors de Chessimont — Tourmont (H. P. de) — Tridon Dutilleul — (des Ursins) — Le Vacher du Plessis — La Valette (Mis de) — (Vallin de St Didier) — Varenne de Fenille, 2 var. Dix pièces.

301. (Thomé) — Valette (J. de la) — Valloires (Abbaye de), par *C. Mathey* — (de Verthamon) — Vichet (A. G.) — (Wasset). Six pièces.

302. Baron (H. T.) — Ganhy (de) — (Despeisses) — Anonyme, par *H. Simon* — (Girardot de Paufond) — (attr. à Mouchard). Six pièces.

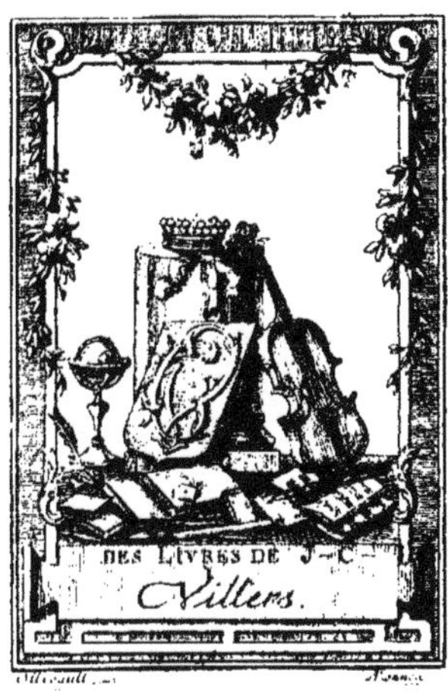

N° 140 du Catalogue.

303. Vaulserre des Adrets — Veiremange (de) — Veneur (Le) — Tillières (P. M. de) — Verchère Dereffie (H. F.) — Vernier (P.) — Vienne (de) — Villèle (Albin de) — Villemur (de). Neuf pièces.

304. Villiers (de) — (Vireau de Sombreuil) — Sanson (F. Perrin de) — (Despesses) — Artaud (P. P.) — Le Prevost de Basserode — Villeneuve (de la) — (Gaignon de Vilaines). Huit pièces.

305. (de Vincy), par *Savin* — Albon (C. d') — Albon (Mis d') — (de Vigier d'Oret ?) — (de Lamarck) — (Legendre), par *P. Giffart* — (Bernard de la Vernette). Six pièces.

306. Vrigny (de) — Baron (H. T.), 2 var. — (de Bauffremont) — Bellaud (de), 2 var. — (de Belloy) — Bernard, par *Dupuy fils* — (de Bersac) — Bochart (Elie). Dix pièces.

307. Bordeu (Th. de) — (Mis de Corberon) — (Brulart de Sillery) — Cerfberr (Th.) — Clermont-Gallerande (de), 2 p. — Créquy d'Hémond (de) — Damours — Deplace (G. M.) — Desaint (J. B. L. J.). Dix pièces gravées sur bois.

308. (Ganot de Moullainville) — Gohy Delavallée (C. R.), 1743 — (de Guérin) — (Harrouis) — Brière-Loiseau (de) — Louis (Ant.) — Luzignen (de), par *Beugnot* — Marsuzi (A.) — (Morand). Dix pièces gravées sur bois.

309. Normandeau (A. A.) — (Académie de Chirurgie de Paris) — (Pelissier de Féligonde) — (du Puy) — Rey — Siraudin — (Vecchi) — Waroquier (Cte de) — Anonyme. Neuf pièces gravées sur bois.

XIXe SIÈCLE

310. Ancelot, 2 var. — le même ex-libris avec le nom de Chardon. Trois pièces.

311. Bonaparte (Caroline), 2 var. — Murat (Joachim), 3 var. — Bonaparte (Lucien). Six pièces.

312. Goncourt (Edm. et J. de), par *J. de Goncourt*, d'apr. *Gavarni*.

313. Le Dru (Jacq. Phil.), médecin, 7 variantes. On y a joint un autographe et un portrait de Ledru-Rollin, fils de J. P. Le Dru.

314. Ex-libris par *F. Bracquemond* : Arnaudet — Asselineau (Ch.), 2 var. — Bouvenne (Aglaüs) — Burty (Ph.) — Poulet-Malassis. Huit pièces.

315. Ex-libris par *Aglaüs Bouvenne* : Martin (A.) — Marx (R.) — Ozy (Alice) — Proth (Mario) — Sapin (L.) — Asselineau (Ch.) — Benoit (A.) — Bouvenne, 4 p. — Coppée (Fr.) — Hugo (Victor), 2 var. — Gautier (Théop.) — Uzanne (Oct.) — Bournon (F.) — Castellon (E.) — Cousin (J.), 2 var. Vingt-et-une pièces. Belles épreuves.

316. Ex-libris, par *F. Courboin* : Mottin (Aimé), 2 var. — Gayffier (G. de), 2 var. — Tourneux (Mce) épr. *avec la remarque*. Cinq pièces.

317. Ex-libris par *Oct. de Rochebrune* : Marc de Tripoli — de Longuerue — Ville de Nantes (Armes) — O. de Rochebrune — H. Clouzot, 2 var. — Montagne (T. S.) — Anonyme. Huit pièces. Belles épreuves.

318. Alphandery (A.), par *G. Huot* — Aniéré (C.) — Arlot de Frugie (d') — Artus — Asselineau (A.) — Audeville (d') — Balleroy (Mis de) — Bapt (G.) — Barberey (de), par *lui-même*, 1851 — Barbier (J.) — Barthélemy (Ch.) — Baschet (Arm.), 2 var. — Bastard d'Estang, 2 var. — Bauffremont (de) — Beaupré, par *Thiéry* — Bellevoye (A.) — Bellon (P.) — Benoist (A.) — Benoit (L.) — Benoit (A. L.) — Benoit (A.), 3 var. Vingt-sept pièces. Belles épreuves.

319. Armengaud (D.) — Cadore (Duc de) — (*Nobirulus Bibliopola*, 3 var.) — Mouchy — Noailles, 3 p. — Montalembert (de), 2 var. — Berryer, 3 var. — de Broglie — Boutourlin (Cte), 2 var. — Camendo (Cte de) — Castries (H. de) — Cauville (P. de) — Cazenove (A. de) — Chateaufort (de). Vingt-deux pièces.

320. Aubert (R.), par *A. Lalauze* — Benoit (A.), par *G. Save*, 3 formats — Cahel de la Savonnières, par *Delzers* — Dauphinot (A.), par *Ruet, d'apr. M. Leloir* — (Dufour), par *E. Rocher* — Escoube (D[r]), d'après *Rops* — Henriot (A.), par *Grévin*, 2 *variantes* — Lebegue (L.), par *lui-même* — Martin (R.) — Maury (G.), par *J. E. Sylvestre* — Paroissien (A.), par *Bellevoye* — Pincebourde (R.), par *Lebègue* et *Thiriez* — Prévot (Ch.), par *A. Prevot*, d'apr. B. Picart (2 front. par Picart, joints) — Sylvestre (J. E.), par *lui-même*. Vingt pièces. Très belles épreuves.

321. Benoit (A.) — Broglie (de) — Chalancey (de) — Dubosc Vitermont — Espiennes (L. d') — Félix (J.) — Feuillette fils, Metz — Fortia (Mis de), 2 var. — Givenchy (L. de), 2 var. — Lambert de Cambray — Laureau (J. B.) — Leroy (Aimé), par *Bur-*

det — Monmerqué — Pastoret (de), 2 var. — Périer (C.) — Pointin (A.) — Tassin de Charsonville. Vingt pièces.

322. Broussillon (de) — Beurdeley (Alf.), par *Loizelet* — Petit (Eug.), par *Loizelet*, 2 var. — Bigarne (C.) — Billot de Goldlin — Blancard (L.) — Bonfils (de) — Bonin de la Bonninière — Bonnemains (B^{on} de) — Bony de Lavergne — Bouralière (A. de la) — Bourcard (G.) — Boury (de), par *A. Noël* — Bouton (V.) — Bovet (A.), par *Stern* — Braux (de) — Bremont d'Ars (de) — Bretagne (A.) — Briclaut — Brière (E.) — Brocard (H.) — Brosia (H. de) — Brossard (F. de) — Brunhoff (de), 2 var. Vingt-cinq pièces. Belles épreuves.

323. Burdallet (J.), par *lui-même* — Cailly (de) — (Aix de St Aymour — Calvet-Rogniat — Calvière (F. de) — Chabeuf (H.), 2 var. — Chabot (de) — Chaudron de Briailles, 3 var. — Chanteau (F. de) Chapuis (E.), par *Lalauze* — Charcot — Chasles (Ph. et Mich.) — Choppin de Villy — Claye (A. de) — Choppin (R.) — Clériceau (A.), 2 var. — Clouard (Mme) — Cocheris — Cochon (J.) — Compiègne (Mis de) — Vingt-cinq pièces.

324. Chauvin (W.) — Dietsch (J.) — Durier (A.) — Durosier (F.) — E. E. par *Stern* — Enault (L.) — Esquieu (L.) — Eudel (Paul), 2 var. — Falgairolle (P.) — Farcy (H. de), 3 var. — Favier — Ferand (Cte), par *Besé* — Le Feron d'Eterpigny — Feugerolles (Bibl. de), par *Stern* — Figuères de Marthomis — Flach (J.) — Fortia (Mis de), 2 var. — Foucher — Franklin (A. L. A.), par *Lacoste jeune* — Froment-Meurice — Furland (H.) — Gaillardon — Gal — Gallice (H.). Vingt-huit pièces.

325. Condé (B^{on} de) — Conventsi, 2 var. — Coriolis (B^{on} de) — Couraud (P. L.) — Courcy — Couturier de Royas — Crisenoy (B^{on} de) — Cussans (de) — Dablin (P.) — Darcel (H.) — Degeorge (H.) — Destailleur (H.), 2 var. — Devaulx (Th. E.), 2

var. — Diancourt — Doublet de Persan — Doucet (C.) — Douglas (Cte), 4 var. — Droit — Dublanc (H.) — Duchâteaux — Dufour, 5 var. — Dujarric Descombes — Dumont (Mme), 2 var. Trente-quatre pièces.

326. (Couraud ?) — Château de Grenade — Bibl. de S Philippe — Montpensier (Duc de), par *Decourcelle* — T** (B. de) — Girardin (de), 2 var, — Bibl. de Chaumont — Caylus (Lignerac de), par *Lorichon* — Hénin de Cuvillers (d') — Houbigant (A.) — Larrouy (P.) — (Las Cases) — Pastoret (de) — Portalis (J. M.) — Mondesir (Cte de), 2 var. Dix-sept pièces.

327. Galliffet (Gal de) — Garets (J. des), par *Hirsch* — Gastines (de) — Gaudart d'Allaines, 2 var. — Gaëte (Duc de) — Gélis (Alf.) — Geoffroy (Alex.) — Geoffroy (Aug.) — Germain (L.), 5 var. — Germiny (Cte de), par *Stern* — Gidel (L.) — Gillet (J.) — Givelet (C.), par *A. Bellevoye* — Givry (A. de) — Glinel (C.), par *Lalauze* — Gouin (H.) — Gourand (C.). Vingt pièces.

328. Gourio du Refuge, 3 var. — Goury (G.), 4 var. — Graffenried (E. de), 3 var. — Gramont (de), 2 var. — Grandin de l'Éprevier — (Grandjean ?) — Grassot — Grésy (H.), par *Alès* — Grosse Duperon — Grouchy — Guéneau de Mussy et d'Aumont, 4 p. — Guillemot (J.) — Guiraud (P.) — Guizard (L.) — Guizot (F. P. G.), 2 p. Vingt-sept pièces.

329. Hallam (H.) — Hamel (du), 2 var. — Hartmann (C.) — Hédou (J.) — Helot (R.) — Heredia de Benahavis (de), 2 p. — Herluison (H.), 3 p. — Houssaye (H.) — Hueber (J. de) — Hults (d') — Ingold, 2 var. — Istrie (duc d') — Jacob (Chr), 3 var. — Jadart (H.), par *P. A. Varin* — Jan des Vignes — Janin (Jules) — Janvier de la Motte — Joly (L.), par *F. Vallotton*. Vingt-cinq pièces.

330. Heriot, par *Stern* — Lebarbier de Tinan — Bontemps (G.) — Couraud (P. L.). 2 var. — Henry-André (Mme) — Bonnemains (Vte de) — Blanc

(Aug.) — Achon (Chr d'), 1875 — Cazenove (de) — Chamont (de) — Chandon de Briailles — Dor (P.) — Granges de Surgères (Mis de), par *Stern* — Lassus (de), 2 var. — Beauchamp (R. de) — Rozière (Ern. de) — Villers (R. de) — Pixéricourt (Gilb. de) — Delmotte, d'ap. *Madou* — Michel (Fme), par *Boisselat*. Vingt-six pièces.

331. Kartner — Labarte (J.) — Lacroix (Paul), 2 var. — Lagrange (F. de) — Lalaing (E. de) — Lally-Tolendal (Cte de) — Langlard, par *R. Wiener* — Laprade (V. de) — Oberkampf de Dabrun, 5 var. — Olive (E.), 3 var. — Palys (de) — Parc (du), 3 var. — Paris (Bibl. diverses à), 6 p. — Paroissien (A.), par *F. Paroissien*. Vingt-huit pièces.

332. Lardet, par *Pagnier*, 1879 — Laské (A.) — Lassus (de), 3 var. — Laugier — Layus (L.), six var. — Le Couteulx Canteleu — Lecourt — Lermina — Lesgurra — Leymarie (de) — Longperrier (de) — Lormier — Luc (du) — Mahuet (Cte de) — Mandre (C. de) — Michel (Marius) — Martin du Nord, 2 var. — Massicot (E.) — Mazières-Mauleon (de) — Mehl (Ch.), par *G. Jundt* — Meurier (L.) — Meynard (L.). Trente-et-une pièces. Belles épreuves.

333. Mohr (L.), par *Matthis*, 1879, 2 var. — Monaco (Pce de) — Monselet (Ch.), par *Devambez* — Montagnac (de), 3 var. — Montorgueil (G.) — Morel (A.) — Mottin, par *E. M.* — Mourie (V.) — Moyrier (L.) — Nadar — Nedonchel (de) — Nettancourt (de) — Neuilly (Ed. de) — Neuville (Alb. de) — Noel (E.) — Noritt (P.), par *de Sta* — Nouaillan (de), par *Agry*. Vingt-quatre pièces. Belles épreuves.

334. Molroguier (E.) — (de Malézieux) — Maillard (L.), par *H. Boutet* — Legros (A.), par *R. Legros* — Lemercier (Abel), par *Mart. Potémont* — B. H. B. — Blacas (de), 2 p. — (Briant de Laubrière), 2 var. — Ney, duc d'Elchingen, par *Letort* — Simon

d'Autreville (H.) — Duport Loriol (A.), par *lui-même* — Léon Gambetta, par *A. Legros* (copie). — Noblin (J. P.). Quinze pièces.

335. Parthey (G.) — Pellion (G.) — Perrier (Em.), 3 var. — Perrière (de la), 3 var. — Petit (A.) — Piat (A.), 2 var. — Picard (Abel) — Pichon (B^on^), 3 p. — Pinson (P.) — Poidebard (W.) — Poinat, par *Monnier* — Poinctes-Gevigney — Pointin (A.) — Poli (A. de) — Pontilly et Farnou, 2 p. par *G. Huot* — Porchon de Bonval — Pycharn. Vingt-cinq pièces.

336. Quintard (E.) — Quirielle (R. de) — Rabut (F.) — Regnard de Lagny — Reiber — Rémusat (de), par *Agry* — Requin (D^r^) — Riancey (H. de), 2 var. — Richard de Vesvrotte, 2 p. — Robert (Edm. des), 9 var. — Rœderer, 2 var. — Rothschild (famille de), 4 p. — Rougé (J. de) — Rozière (Em. de), 3 var. — Ruggiéri. Trente-et-une pièces.

337. Sagnier (C.), par *L. Boisson, d'apr. A. Morot* — St Chamans (de) — St-Claire-Deville — St Priest (de) — St Victor (Paul et Pierre de), 2 p. — Salin (P.) — Sarcey (F.), par *Demengeot* — Sartorio (de), 3 var. — Schuck (Léon), par *Hirsch*, 4 var. — Schuck (E.) — Sellières (B^on^), 3 var. — Sens (G.), 3 var. Vingt-trois pièces.

338. Sermizelles (G. de) — Seynes (J. de), par *Maurice de Seynes* — Simony (de) — Société héraldique — Solar (F.), par *P. Chenay* — Soultrait (de), 3 var. — Stirling (J.) — Strasbourg (Bibl. de), 3 var. — Tabourieh, par *H. Pille* — Tallegrand-Valençay, 4 var. — Tancrède (Abr.) — Tanqueux (Chateau de) — Ancy le franc (Château d'). Vingt pièces.

339. Terris (de) — Terris St Jaume — Testu de Balincourt — (de Thuisy ?) — Tissandier (Gaston) — Tour Varan (E. de la) — Valensi (J.) — Vervliet (J. B.), 7 var. — Viollet-le-Duc — Watteville (de)

— (Werlé) — (de Castres) — Dast — Delacoste — (Dupleix de Cadignan) — Bourneville — (de Poidebard) — (de Saulx) — Le Couteulx-Canteleu (Cte) — (de Damans), par *Desnoyers*. Vingt-six pièces.

340. Thiéry (C. E.), *8 variantes* — Touret (G. M.) — Vallois (R.) — Vallet (Dr G.) — Vidal de Léry (B[on]) — Villeneuve Bargemont (de) — Villiers-de-l'Isle Adam — Viollet-le-Duc — de Séchelles — de Voiron — Waddington — West (L.), par *Bouvenne* — Wiener (L. et R.), par *Thiéry* et *Prouvé*. Vingt-et-une pièces.

341. Torcy (L. de) — Suchet, 2 typogr. — Récamier (J. C. A.), typogr. — Jourdan (M[al]) — Champflour (de) — Blanc (Aug.) — Herbaut, en-tête de facture — Triqueti (H. de) — Vimar (Cte) — Chevillard — Caix de St Aymour — Bibl. de la Ville de Paris, par *Delaunay*. Treize pièces.

342. Ex-libris féminins : Clermont Tonnerre (M[ie] L[se] de) — Courlande (D[sse] de) — Delhomme (Mina) — Ferrière Le Vayer (M[ise] de) — Goury (Jeanne) — Quesnerie (Renée de la) — Le Conte (Mlle) — Noé (C[sse] de) — Régis (Mlle de), par *Agry* — Robert — (Noémie des) — Bravard (Mme Claudine). Onze pièces.

ALLEMAGNE — BELGIQUE — HOLLANDE

ITALIE — SUISSE, etc.

343. Arreger (J. Lorentz), 1607. In-8.

344. Bibliothèque électorale de Munich. par *J. M. Sockler* 1779, d'apr. *C. Winck*. Grand in-8. Belle épreuve. Rare.

345. Derichs (Sophonias de), peintre suédois, par lui-même. In-8. Très belle épreuve. Rare.

346. Durazzo (Cte), 4 variantes grand in-8 et in-32.

347. Guibal (N.), peintre, 1775 — le même type d'ex-libris avec les noms de Fischer et d'Artus. Trois pièces.

348. Hulthem (Ch. J. E. van), cinq variantes par *E. de Ghendt*, *A. Cardon*, *Jouvenel* et *C. Onghena*.

349. Jenner, née de Steiger (Sophie de), par *Dunker*. Très belle épreuve.

350. Lombach (F. L.), par *Dunker*.

351. Mollarth (Ferd. Ernest, Comte de). In-8°. Très belle épreuve.

352. Nieles (J. B.) — Weliems (J. B.) — Alegamlee, 2 var. — Faille (de la) — Cruyninghe (de) — Vilain XIV — I. G. M. Neuf pièces par *Fruytiers*, *Heylbrouck* et *Pilsen*.

353. Aglié (Cte de) — Chotek, 2 var. — Brunswick-Oels (F. A. de) — Heister (Laur.) — Lefort, par *C. G. Geissler* — Robillard (J. L.), par *C. G. Geissler* — Bibl. Palatine — Mecklembourg-Schwerin — Saxe-Hilburg (Duc de). Dix pièces.

354. Allen (familles), 11 pl. — Coffin (J. Dexter) — Brewer (W. A.) — Atkinson (B.) — Cockerell (Sir Ch.) — Davidson (J.) — Gilpin (H.) — Jones (M.) — Loch (G.) — Northampton (Ch. de) — Pembrocke (H. de) — Vicars (A.), 2 var. — White (G.). Vingt-quatre pièces. Belles épreuves.

355. Andorfer (C.) — Boynicic (J.) — Brendicke (H.) — Burckhard (G.) — Clarck (A. H.) — Dostal (J. J.) — Drobner (G.) — Felsing (W.) — Grell (H.) — Heuser (K.) — Heuser (I.) — Kleinmachter — Ellis (J.) — Raisin (F.), par *P. E. Vibert* — Roschet (G.), 3 var. — Rosner (K.) — Sauer — Schur (C.) — Stell (J.) — R. S. B. Vingt-deux pièces.

356. Archinto, 2 var. — Zanardi (I.) — (Trotti) — Barnabo (XVIe siècle) — Ancajani (F.) — Antonelli (A.) — Pidou (A.) — Anonyme, par *Gay* — Millini-Casali (Mme) — Médicis (de) — Castanea. Douze pièces.

357. (Arents), 4 var. — (C. F. Custis) — (Legillon de Basseghem) — (Suys) — (Mols ?) — Neesen (M. B.) — (Dacquin), par *Pilsen* — (de Muralt) — (Groverman). Douze pièces.

358. Auber (Fritz) — Benkard (R.), 2 var. — Musée, Arts-et-Métiers, Berlin — Buder (L.) — Burger (L.) — Cramer (C.) — Eisenhart — Engellmann (von), Berlin — Forer (J. D.) — Graeser — Lange (Hermann) — Langenscheidt, 4 var. — Leiningen-Westerburg (de), 14 var. — Limburg-Stirum (de) — Menzler (S.) — Miracle (Fried.). Trente-trois pièces. Belles épreuves.

359. Brunswick-Oels (F. A. de) — (de Massoli) — Mazarini (Mancini) — (Spielmann ?) — Collati (J. Maximilien, Cte) — Saluces (Cte de) — Saluces-Menusi (Cte de) — Fitz-Geval (E.) — H. C. E. — Studer (J. X.). Dix pièces.

360. Caraccioli (D.) — Alfieri (V.) — Vernaccia (R. de) — Linati (F.) — Sizzo (C.) — Bellisomi — Cacherano — Feroni (librairie) — Cerutti (Tom.). Neuf pièces. Belles épreuves.

361. (Estouteville) — (de Watteville, XVIe siècle, réimpr.) — (vander Aldenrett) — (Riesenkampf) — Lubomirski (Stanislas, P[ce]). Cinq pièces.

362. Fermor (W[m]) — Hamilton (James) — Hope (Ch.) — Mordaunt (John) — Norfolk (Edw. Duke of) — Eliock (Lord) — Fairholme (G.) — Bennet (A.), par *Hughes* — Thornton (R.). Neuf pièces.

363. Heister (Laur.) — Blessig (J. L.), par *Wachsmut* — Seyringer (J. C.), par *J. de Lespier* — Guntter de Sternegg (J. F.), par *J. A. Schumzer* — Diesbach (Cte), par *J. R. Holzhalb* — Erlach (V. von) — Treyden (A. L. Trotta von). Sept pièces. Belles épreuves.

364. Hoffmann (G. L. S.), par *Traiteur* — Hoffmann (F. I. J.) — Chotek, 2 var. — (Ott) — Maurer (A.) — Cobres (J. P. de) — Eltz (J. M.) — Dillon — Constant de Rebecque. Dix pièces.

365. Jenner (J. A.), par *M. Vocher fils* — (Koch), par *A. Zingg* — Lavater (D.), par *Schellemberg*, 2 var. — Thurn (B^on^ de) — (J. R. de Sinner) — Robbillard (J. L.), par *C. G. Geissler*. Sept pièces.

366. Maurice (F. G.) — (Société Royale de Londres) — (Sacau) — Preysing (C^sse^ de) — Chotek (G.) — Borch (Cte de) — Wegry Wegierski (T. C.) — Stourbridge Library, 1790 — Anonymes — (Bon de Vinck). Douze pièces.

367. Meno (J. de) — Mexique (Maximilien, Emp. du) — Marshall (J.) — Anethan (B^on^ d') — Bismark (P^ce^ de) — Grolier-Club, New-York — Maess (J.) — Londres (Soc. artistique de) — Benthall (F. de) — Warnecke — Borghèse (P^ce^) — Monsalvatji (J.) — Oelsner (Anna) — Sanguszko (C.) — Pesl (Max.) — Poensgen (Martha) — Salm-Kyrburg (P^ce^ de) — Sargent (J.) — Saxe-Cobourg (F. de) — Watkinson library — Société des Amis des Soldats, Berlin, 3 var. — Springer (A.) — Fischer — Franchetti — Gessler (A. de) — Hickoy (B^n^ Harden) — Jonghe (de), 5 var. Trente-quatre pièces.

368. O'Kelly de Galway — Kunhnhotz — Leman (J.) — Driesten — Foelkersam (de), 2 var. — Leppin (P.) — Clauss — Phoebe — Warren Vernon — Budan (Cte) — Capron (J.), etc. Trente-six pièces.

369. Parera — Bertarelli (A.), 5 var. — Monza (Bibl. de) — Munoz (G.) — Demidoff (A.), 2 var. — Laszowski — Orloff (P^ce^) — Prittwitz (E. V.) — Raisin (F.), 7 p. — Reitzenstein (F.) — Schuelsler — Spilmann (E.) — Stoehr (H.), 2 var. — Strauss (M.) — Middeldorpf — Wervliet, 2 var. — Voigt (O.). Trente pièces.

370. Steiger (C.) — Wegry Wegierski (T. C.) — Cleeve (A.) — Salm-Kirburg (Fr. P^ce^ de) — Bibl. de St Pétersbourg — Troubetskoy (P^ce^) — Borch (Cte de) — Kraft — F. D. C. — Fitz-Gérald. Dix pièces.

371. Ex-libris macabres : Lang (N.), par *Hurliman* —

Schellenberg (J. R.), par *lui-même* — Anonyme, par *Léonard Beil*, 1690. Trois pièces rares.

372. (Anonyme, d'apr. Beham) — Bertran (M. J.) — Deci (Ch.) — Falk (Otto) — Fernkorw — Madi (J. P. de) — Marks (H. S.) — Marzolff (A.) — Mercier (J. B.). Neuf pièces.

373. Muenzer (Egm.) — Anonymes — Nauhaus (G.) — Richter (K.) — Schulz (C. F.), 2 var. — Sitjar (Dr) — Steinhauser (Dr R.) — Thalwitzer (F.) — Volkmar (C.). Treize pièces.

374. Sous ce numéro, il sera vendu par petits lots, cent-quinze ex-libris anciens et modernes, ex-libris manuscrits frottis, etc.

375. Sous ce numéro, il sera vendu par petits lots, soixante-quatre ex-libris, réimpressions, reproductions et copies.

IMPRIMERIE FRAZIER-SOYE

153-157, RUE MONTMARTRE

PARIS

www.ingramcontent.com/pod-product-compliance
Ingram Content Group UK Ltd.
Pitfield, Milton Keynes, MK11 3LW, UK
UKHW022147170726
13837UKWH00004B/1829